Sonja Carlsson

Köstlich, cremig, sahnig, frisch

Mixen mit Milch

FALKEN

Vorwort

Drinks mit und aus Milch sind in den letzten Jahren sehr populär geworden und können durchaus mit den klassischen Mixgetränken internationaler Bars konkurrieren.
Gründe dafür gibt es viele: Einerseits ist es der Gesundheitstrend ganz allgemein, andererseits ist es der Boom, den Milch und Milchprodukte bei uns seit Jahren erleben. Das Warenangebot ist unüberschaubar geworden, die Vielfalt ist enorm.
Eine weitere Ursache für die Beliebtheit der Milch liegt im Zeitgeist. Milchtrinken ist heute „in“, denn Milch genießt das Image des modernen und gesunden Fitmachers – und das nicht nur in der Werbung! Ernährungsfachleute begrüßen diese Entwicklung, denn Milch und Milchprodukte tragen ganz wesentlich zur Deckung des Bedarfs an wichtigen Nähr- und Aufbaustoffen bei. Je öfter sie auf Ihren Tisch kommen, desto besser!
Was man alles mit Milch und Milchprodukten machen kann, erfahren Sie beim Mixen mit Zutaten, wie Früchte, Gemüse, Obstsäfte, Eiscreme, Kaffee oder Alkohol. In Milchdrinks stecken so viele köstliche Variationsmöglichkeiten, wie es Gelegenheiten und Anlässe gibt.
Herzlichst, Ihre Sonja Carlsson

Inhalt

EIN NATURPRODUKT MACHT KARRIERE

Es gibt wohl keine bessere Grundlage für ein Mixgetränk als die Milch oder die verschiedenen Milchprodukte! Beide verdanken dieses Plus nicht nur ihrem hohen Gesundheitswert, sondern vor allem auch ihrer unvergleichlichen Vielseitigkeit: Ob süß oder pikant, ob heiß oder eisgekühlt – Drinks aus Milch sind immer ein Genuß.

Rund um die Milch

Zum Mixen von Drinks eignen sich grundsätzlich Milch, Buttermilch, Kefir, Joghurt, Sauermilch, Dickmilch und Sahne. Jedes dieser Produkte besitzt seinen typischen Geschmack und seine charakteristischen Eigenschaften, die Sie kennen sollten, bevor es ans Mixen geht.

Milch

Sie liefert viele lebenswichtige Nährstoffe. Außer den Energieträgern Eiweiß, Fett und Kohlenhydrate enthält die Milch viele Vitamine, wertvolle Mineralstoffe, wie Calcium, Kalium, Phosphor und Magnesium, sowie verschiedene Spurenelemente wie Eisen, Kupfer, Jod und Fluor. Diese einzigartige Zusammensetzung macht die Milch zu einem unserer wertvollsten Grundnahrungsmittel.
Wenn bei uns von Milch gesprochen wird, ist stets die Kuhmilch gemeint. Der Fettgehalt frisch gemolkener Milch schwankt zwischen 3,3 und 4,3%. Für die standardisierten im Handel erhältlichen Konsummilchsorten muß die Milch zuvor auf den jeweiligen Fettgehalt eingestellt werden. In einer Zentrifuge wird sie dazu zunächst in Magermilch und Rahm getrennt, anschließend werden diese Komponenten dem gewünschten Fettgehalt entsprechend wieder zusammengeführt.
Im Handel wird Milch mit folgenden Fettgehalten angeboten:
Milch mit natürlichem Fettgehalt: mindestens 3,7% Fett
Vollmilch: 3,5% Fett
Fettarme (teilentrahmte) Milch: 1,5 bis 1,8% Fett
Magermilch (entrahmte Milch): 0,3% Fett
Außerdem unterscheidet man die Milch nach ihrem Behandlungsgrad:
Vorzugsmilch (Rohmilch) wird roh, das heißt weder erhitzt, noch homogenisiert verkauft. Sie darf nur von bestimmten, amtlich überwachten und kontrollierten Bauernhöfen abgegeben werden und behält ihren natürlichen Fettgehalt. Rohmilch ist im Kühlschrank nur 1 bis 2 Tage haltbar. Zum Mixen eignet sie sich wie jede andere Milch. Sie sollte jedoch nur für kalte Drinks verwendet werden, denn eine Erhitzung vermindert ihren Vitamingehalt.
Frischmilch ist stets pasteurisiert und homogenisiert. Durch die Homogenisierung wird einerseits das Aufrahmen der Milch verhindert, andererseits wird das Milchfett fein verteilt. Dadurch schmeckt die Milch vollmundiger. Bei der Pasteurisierung werden die krankheitserregenden Keime abgetötet. Frischmilch hält sich im Kühlschrank ungefähr 1 Woche.
H-Milch ist ultrahoch erhitzte Milch. Das „H“ steht bei ihr für „haltbar“. In einem speziellen Verfahren, der Ultrahocherhitzung, werden nahezu alle Keime abgetötet. Durch die kurzfristige Erhitzung auf über 100° C kann bei der Milch jedoch manchmal ein Kochgeschmack auftreten. Beim Mixen von Drinks wird er aber von Zutaten wie Zucker, Fruchtsaft, Obst und ähnlichem völlig überdeckt. H-Milch hat fast den gleichen gesundheitlichen Wert wie Frischmilch. Sie ist ungekühlt

mindestens 6 Wochen haltbar. Angebrochene H-Milch muß man aber in den Kühlschrank stellen, damit sie nicht verdirbt. Wenn Sie H-Milch zum Mixen nehmen, sollte sie stets gut gekühlt sein. Verwenden Sie solche mit 3,5% Fett, denn sie hat einen vollmundigeren Geschmack.
Sterilmilch ist praktisch keimfrei und dadurch ungeöffnet ohne Kühlung etwa 1 Jahr haltbar. Durch die lange Erhitzungszeit auf über 100° C treten aber deutliche Vitaminverluste auf, die Eiweißstruktur verändert sich und der Kochgeschmack ist deutlich ausgeprägt. Sterilmilch ist heute im Handel nur noch selten erhältlich.

Buttermilch

Bei der Herstellung von Butter erhält man als Nebenprodukt die Buttermilch. Je nachdem, ob Sauer- oder Süßrahmbutter produziert wird, entsteht Sauerrahm- oder Süßrahmbuttermilch. Die Sauerrahmbuttermilch fällt als solche an, der Süßrahmbuttermilch werden nachträglich Milchsäurebakterien zugesetzt. Man unterscheidet außerdem zwischen der ***Buttermilch***, der Wasser oder Magermilch zugesetzt werden darf, und der ***reinen Buttermilch***, die unverändert bleiben muß. Beide Arten dürfen maximal 1% Fett enthalten und haben einen typisch mild-säuerlichen Geschmack. Buttermilch ist genauso wertvoll und gesund wie die Milch. Sie enthält allerdings weniger Fett und durch die Säuerung zusätzlich Milchsäure. Dadurch ist sie besonders bekömmlich und diätetisch wertvoll.

Sauer- und Dickmilch

Diese Sauermilchprodukte zeichnen sich durch ihren milden, fein-säuerlichen und runden Geschmack aus, der durch spezielle Milchsäurebakterien und eine langsame, milde Säuerung entsteht. Sauer- und Dickmilch unterscheiden sich lediglich in der Konsistenz. ***Sauermilch*** ist stets cremig gerührt und trinkfähig, ***Dickmilch*** dagegen ist stichfest. Die Produkte werden im Handel mit 3,5% Fett, fettarm und in der Magerstufe angeboten. Die stichfeste Dickmilch ist auch als Sahnedickmilch (etwa 10% Fett) im Handel und hat einen besonders aromatischen Geschmack.

Joghurt

Das beliebteste gesäuerte Milchprodukt ist seit Jahren der Joghurt.
Er entsteht, wenn der Milch spezielle Milchsäurebakterien, sogenannte Joghurtkulturen, beigegeben werden. Eine solche Kultur setzt sich aus verschiedenen Bakterienstämmen zusammen, und je nachdem, welche verwendet werden, schmeckt der Joghurt mild oder säuerlich. Auch die Menge der rechtsdrehenden Milchsäure hängt von den Bakterien ab.
Joghurt gibt es in den gleichen Fettstufen wie die Milch. Je nach Säuerungsart erhält man ***stichfeste Produkte*** (durch Bechersäuerung) oder trinkfähige beziehungsweise ***gerührte Produkte*** (durch Tanksäuerung). Zur Herstellung von Joghurt erfolgt die Säuerung generell bei höheren Temperaturen und sie vollzieht sich schneller als die der Dickmilch. Deshalb schmeckt der Joghurt auch meist säuerlicher.

Kefir

Kefir ist ein prickelndes, dicksämiges Sauermilchprodukt, das sich heute bei uns großer Beliebtheit erfreut. Die Herstellung erfolgt nach kaukasischem Vorbild mittels der charakteristischen Kefirkulturen, die aus Milchsäurebakterien und Kefirhefen bestehen. Die Milchsäurebakterien wandeln den Milchzucker in Milchsäure um. Dadurch säuert das Produkt und wird dicklich. Die Kefirhefen bewirken ebenfalls eine Säuerung. Neben Milchsäure bilden sie aber noch Kohlensäure und etwas Alkohol. Gerade diese Substanzen sind typisch für einen echten Kefir! Er muß spritzig sein, auf der Zunge leicht prickeln (durch die Kohlensäure) und gegen Ende der Mindesthaltbarkeit kräftig schmecken. Kenner schät-

zen einen solchen gereiften Kefir ganz besonders. Wer ihn lieber mild-aromatisch mag, sollte ihn besser ganz frisch trinken. Durch die Kohlensäureentwicklung im Kefir kann es bei den Bechern zu einer leichten Deckelwölbung kommen, die gegen Ende der Mindesthaltbarkeit besonders ausgeprägt ist. Im Gegensatz zu anderen Sauermilchprodukten weist diese Blähung hier jedoch nicht auf Verderb hin, sondern sie ist sogar erwünscht und ein Zeichen für einen echten, gereiften Kefir.
Ebenso wie die anderen Sauermilcherzeugnisse kann Kefir in allen Fettstufen hergestellt werden. Von Bedeutung ist bei uns aber nur der fettarme in trinkfähiger Form. Kefir gilt in seinem Ursprungsland als wahres Gesundheitselixier. Man nennt ihn dort, wo die Menschen außergewöhnlich alt werden und oft bis ins hohe Alter vital und auch geistig aktiv bleiben, auch das „Getränk der Hundertjährigen". Ob die hohe Lebenserwartung und die beständige Gesundheit wirklich auf Kefir zurückgeführt werden kann, ist nicht erwiesen. Sicherlich liegt beides vielfach eher an der naturverbundenen Lebensweise der Menschen dort.

Sahne

Für Sahne und Sahneerzeugnisse ist ein Fettgehalt von mindestens 10 % notwendig. Man unterscheidet zwischen gesäuerten und ungesäuerten Produkten. Zu den ***gesäuerten Sahneerzeugnissen*** gehören die saure Sahne mit mindestens 10 % Fett sowie der Streichrahm und die Crème fraîche mit je etwa 30 % Fett. Der Rahm, beziehungsweise die Sahne, wird hierfür mit speziellen Kulturen gesäuert. Zu den ***ungesäuerten Sahneerzeugnissen*** zählen die Kaffeesahne mit mindestens 10 % Fett, die süße Sahne mit höchstens 28 %, die Schlagsahne mit mindestens 30 % Fett und die Creme double mit mindestens 40 % Fett. Die Schlagsahne nennt man in Österreich übrigens Schlagobers; in der Schweiz heißt sie Voll- oder Schlagrahm.

Tips zu Milch und Milchprodukten

Achten Sie beim Einkauf auf das Mindesthaltbarkeitsdatum auf der Packung!
Bei Frischprodukten darf die Kühlkette nicht unterbrochen werden. Stellen Sie deshalb frische Milch und Milchprodukte nach dem Einkauf möglichst schnell in Ihren Kühlschrank!
Milch und Milchprodukte nehmen im Kühlschrank leicht Fremdgerüche an (zum Beispiel von stark riechendem Käse oder von Fisch). Verschließen Sie deshalb angebrochene Packungen wieder gut, oder decken Sie sie mit Folie ab. Die Produkte sollten dann schnell verbraucht werden.
Wenn sich auf Sauermilchprodukten Schimmel gebildet hat (grüne Inseln auf der Oberfläche), oder wenn Sie rote Punkte (Befall mit Kahmhefen) beim Öffnen der Packung bemerken, werfen Sie das Produkt unbedingt weg!
Die Keime gelangen durch winzige Beschädigungen der Verpackung in das Produkt. Achten Sie deshalb stets auf einwandfreie Packungen.
Ein seifiger, oft auch ranziger Geschmack bei Sauermilchprodukten weist meist auf einen Fettverderb durch fettspaltende Keime hin. Werfen Sie das Produkt in diesem Falle weg!
Sehr unangenehm bitter schmecken gesäuerte Milchprodukte, wenn ein Säuerungsfehler vorliegt. Auch zu lange gelagerte Produkte können bitter schmecken. In diesem Falle ist meist eine Spaltung des Milcheiweißes die Ursache. Werfen Sie das Produkt weg!
Beginnt ein Produkt zu gären, so befinden sich kohlenhydratspaltende Keime darin, wie zum Beispiel Hefen. Diese Keime können nur nach der Herstellung ins Produkt gelangen. Da bei der Gärung Kohlensäure entsteht, wölbt sich der Deckel. Werfen Sie das Produkt weg! Nur bei Kefir ist eine Deckelwölbung kein Zeichen von Verderb, sondern sie entsteht durch die Kohlensäurebildung der Kefirhefen und ist oft sogar erwünscht.
Frieren Sie Milch und Sauermilchprodukte niemals ein! Bei der Milch trennt sich dabei das Wasser vom Fett, und beides mischt sich nach dem Auftauen nicht mehr optimal. Die Milch schmeckt dann wäßrig. Bei den Sauermilchprodukten wird die Struktur zerstört, sie werden grießig.
Erhitzen Sie Sauermilchprodukte nicht, denn das Eiweiß flockt dadurch stark aus.

TIPS FÜR DAS GUTE GELINGEN IHRER DRINKS

Die Arbeitsgeräte zum Mixen finden sich in fast jedem Haushalt. Sie benötigen: Elektromixer, Schneebesen, Handrührgerät, Schüttelbecher (Shaker) und ein hohes Rührgefäß (am besten aus Cromargan).

Milch, Sauermilchprodukte und Sahne sollten stets gut gekühlt verwendet und daher erst unmittelbar vor dem Gebrauch aus dem Kühlschrank genommen werden.

Saure Zutaten, wie Zitrussäfte und stark säurehaltige Früchte, lassen Milch schnell gerinnen. Verwenden Sie deshalb für Milchdrinks säurearme Früchte und Säfte wie zum Beispiel Äpfel, Birnen, Aprikosen und Bananen sowie Apfel- oder Birnensaft.

Für Drinks aus gesäuerten Milchprodukten eignen sich auch säurehaltige Säfte und Früchte, wie zum Beispiel Zitrusfrüchte und -säfte, Kirschen, Johannisbeeren, Stachelbeeren, Himbeeren und manche Erdbeersorten.

Einige frische exotische Früchte (Ananas, Papaya, Feige, Kiwi) enthalten eiweißspaltende Enzyme, die auch das Eiweiß der Milch angreifen und spalten. Milchdrinks mit diesen Früchten werden daher bitter. Verwenden Sie deshalb entweder Dosenfrüchte (die Enzyme sind dort inaktiviert), oder weichen Sie auf anderes Obst aus.

Durch Mixen mit Eiscreme erhalten Sie cremige und sehr erfrischende Drinks. Fruchteis paßt besonders gut mit gesäuerten Milchprodukten zusammen. Milchspeiseeis ist ideal für Milchdrinks.

Eiswürfel, Würfel aus gefrorenem Fruchtsaft oder gefrostete Früchte sollten Sie stets vorrätig haben. Auch gefrorene Melonenkugeln eignen sich vorzüglich zum Kühlen Ihrer Drinks.

Für heiße Drinks wärmen Sie Tassen oder Gläser vor, und stellen Sie beim Eingießen ein Rührstäbchen ins Glas, damit es nicht platzt.

Ziehen Sie gerührte, möglichst flüssige Sauermilchprodukte den stichfesten vor. Wenn Sie aber nur solche Produkte vorrätig haben, dann rühren Sie sie mit einem Schneebesen kräftig durch, damit sie flüssig-sämig werden. Falls das nicht ausreicht, geben Sie noch etwas Milch, Sirup oder Saft hinzu.

Mixen Sie Ihre Drinks möglichst rasch, und servieren Sie sie sofort. Auf keinen Fall sollten Sie die Drinks erst noch in den Kühlschrank stellen, denn dann werden sie rasch unansehnlich.

Die Milchgläser sollten Sie beim Spülen zunächst kalt ausspülen und sie dann erst wie üblich heiß abwaschen.

Erfrischend und fruchtig

Fast unerschöpflich sind die Möglichkeiten, fruchtig-süße Drinks mit Milch zuzubereiten. Ob frische Früchte, ob Obst aus dem Glas, ob Fruchtsäfte oder Sirupe – sie alle verleihen Milchdrinks Geschmack, Farbe und Pfiff!

Heidelbeer-Kefir-Drink

Für 2 Portionen
ca. 185 kcal pro Glas

125 g frische Heidelbeeren
1/2 Päckchen Vanillinzucker
2 TL Zucker
abgeriebene Schale
von 1/4 unbehandelten Zitrone
250 g Kefir 1,5 % Fett
1–2 EL geschlagene Sahne
einige Eiswürfel

1. Die Heidelbeeren verlesen, waschen und gut abtropfen lassen. Mit dem Vanillinzucker, dem Zucker und der Zitronenschale im Mixer oder mit dem Pürierstab pürieren.
2. Dann auf kleinster Stufe den Kefir dazugießen und alles mixen.
3. In zwei hohe Gläser einige Eiswürfel geben, den Heidelbeerkefir hineingießen und je einen Sahnetupfer darauf setzen. Mit Knickstrohhalmen servieren.
(auf dem Foto: links)

Mandelmilch

Für 2 Portionen
ca. 250 kcal pro Glas

20 g Mandeln
400 ml frische Vollmilch
1 EL Honig
1–2 Tropfen Bittermandelaroma

1. Die Mandeln mit heißem Wasser überbrühen und anschließend enthäuten.
2. Eine Pfanne trocken erhitzen, die Mandeln darin unter Umrühren leicht anrösten und abtupfen. Dann die Mandeln sehr fein mahlen.
3. Die Milch mit dem Honig gut verquirlen, dann die Mandeln und das Bittermandelaroma dazugeben und alles gründlich verrühren.
4. Den Drink in zwei hohe Gläser füllen und jeweils mit einem Knickstrohhalm servieren.
(auf dem Foto: Mitte)

Feinschmecker-Tip

Garnieren Sie die Gläser mit einem Mandelrand. Dafür mischen Sie 2 Eßlöffel feingemahlene Mandeln mit 1 Teelöffel Zucker. Feuchten Sie die Gläser zunächst am Rand an, und tauchen Sie sie dann in die Mandelmischung.

Himbeer-Buttermilch

Für 2 Portionen
ca. 140 kcal pro Glas

150 g frische Himbeeren
1 EL Himbeersirup
250 g Buttermilch
1–2 EL geschlagene Sahne

1. Die Himbeeren gut waschen und verlesen. Zwei Himbeeren für die Garnitur beiseite legen. Die restlichen Beeren in den Mixer geben.
2. Den Sirup und 1 Tasse Buttermilch dazugießen, und alles kräftig durchmixen.
3. Die restliche Buttermilch dazugeben und daruntermixen.
4. Den Drink in zwei hohe Gläser füllen, jeden mit einem Sahnehäubchen und einer Himbeere garnieren und jeweils mit einem dikken Strohhalm servieren.
(auf dem Foto: rechts)

Aprikosen-Kefir-Drink

Für 2 Portionen
ca. 165 kcal pro Glas

150 g frische Aprikosen
1 gehäufter EL Zucker
1 TL Vanillinzucker
3 EL Orangensaft
250 g Kefir 1,5 % Fett
2 Scheiben einer unbehandelten Orange
Zitronenmelisse

1. Die Aprikosen halbieren und entsteinen.
2. Die Früchte im Mixer gut pürieren, dann den Zucker, den Vanillinzucker und den Orangensaft darunterrühren.
3. Den Kefir auf schwächster Stufe dazugießen und alles kurz und kräftig verquirlen.
4. Den Drink in zwei Gläser füllen und mit den Orangenscheiben und der Melisse dekorieren.
(auf dem Foto oben: links)

Mandarinenshake

Für 2 Portionen
ca. 185 kcal pro Glas

1 Dose Mandarinenfilets (190 g)
Saft von ½ Zitrone
1 gehäufter EL Zucker
250 g Kefir 1,5 % Fett
2 Scheiben einer unbehandelten Zitrone oder Orange

1. Die Mandarinenfilets abtropfen lassen. Zwei Filets beiseite legen.
2. Die Früchte mit dem Zitronensaft und dem Zukker in den Mixer geben und durchmixen.
3. Auf schwächster Stufe den Kefir dazugießen und alles gut verquirlen.
4. Den Drink in zwei Longdrinkgläser füllen und an jedes Glas eine Zitronen- oder Orangenscheibe sowie ein Mandarinenfilet stecken.
(auf dem Foto oben: rechts)

Sonnyboy

Für 2 Portionen
ca. 145 kcal pro Glas

1 Eigelb
3 TL Traubenzucker
4 EL Sanddornsaft
Saft von 2 Orangen
200 g Kefir 1,5 % Fett

1. Das Eigelb mit dem Traubenzucker im Mixer gut verquirlen.
2. Den Sanddorn- und den Orangensaft daruntermixen und mit dem Kefir auffüllen.
3. Den Drink in zwei Gläser füllen und mit dicken Strohhalmen servieren.
(auf dem Foto unten: rechts)

Ananasdrink Tropicana

Für 2 Portionen
ca. 175 kcal pro Glas

150 g Ananasringe aus der Dose
½ Grapefruit
1 TL Kokosraspel
1 TL Zucker
250 g Buttermilch
4 Eiswürfel

1. Die Ananasscheiben abtropfen lassen. Eine Scheibe für die Garnitur aufheben, die anderen in Stücke schneiden und in den Mixer geben.
2. Die halbe Grapefruit auspressen, den Saft, die Kokosraspel und den Zukker zu den Ananasstücken geben und alles gut durchmixen.
3. Auf kleinster Stufe die Buttermilch daruntermischen.
4. In zwei hohe Gläser je zwei Eiswürfel geben und den Drink einfüllen.
5. Die Ananasscheibe halbieren und an jedes Glas eine Hälfte stecken. Die Drinks mit Knickstrohhalmen servieren.
(auf dem Foto unten: links)

Coco Banana

Für 2 Portionen
ca. 165 kcal pro Glas

1 Kokosnuß
1 Banane
1 gehäufter EL Zucker
1 TL Vanillinzucker
2 EL Zitronensaft
200 g Magermilchjoghurt
zerstoßenes Eis

1. Die Kokosnuß an den Augen mit einem Nagel anstechen, und die Kokosmilch in ein Glas laufen lassen.
2. Dann die Kokosnuß in der Mitte rundherum mit einem Hammer abklopfen, so daß sie in zwei Hälften zerbricht.
3. Das Fruchtfleisch stückweise von der Schale lösen. Diese dabei nicht beschädigen.
4. Die Banane schälen, in Stücke schneiden und mit dem Zucker, dem Vanillinzucker und dem Zitronensaft im Mixer kräftig durchmixen.
5. Etwas Kokosfruchtfleisch raspeln, und mit 2 Eßlöffeln Kokosmilch sowie dem Joghurt dazugeben. Alles kurz mixen und in zwei hohe Gläser füllen.
6. Die Schalenhälften in Schälchen setzen, mit Eis füllen und die Gläser hineinstellen. Mit Strohhalmen servieren.
(auf dem Foto: links)

Buttermilchmix Frische Brise

Für 2 Portionen
ca. 115 kcal pro Glas

1 vollreife Nektarine
1 Grapefruit
1 Msp. abgeriebene Schale
einer unbehandelten Zitrone
1 EL Zucker
250 g Buttermilch
1 Eiweiß
bunter Hagelzucker

1. Die Nektarine gut waschen, entsteinen, kleinschneiden und in den Mixer geben.
2. Die Grapefruit halbieren, auspressen und den Saft zusammen mit der Zitronenschale und dem Zucker ebenfalls in den Mixer geben.
3. Die Zutaten kräftig durchmixen. Dann auf schwächster Stufe die Buttermilch dazugießen und alles gut verquirlen.
4. Das Eiweiß und den Hagelzucker in je ein Schälchen geben.
5. Zwei Gläser mit dem Rand zunächst in das Eiweiß und dann in den Zucker tauchen. Die Garnitur gut antrocknen lassen. Die Ränder sollten dick gezuckert sein.
6. Den Drink vorsichtig in die Gläser füllen und mit Strohhalmen servieren.
(auf dem Foto: rechts)

Blondine

Für 2 Portionen
ca. 205 kcal pro Glas

2 vollreife Aprikosen
1 vollreifer, großer Pfirsich
1 EL Zucker
1 TL Vanillinzucker
1 EL Zitronensaft
250 g Buttermilch
2 Kugeln Vanilleeis

1. Die Früchte waschen, entsteinen und in Spalten schneiden.
2. Das Fruchtfleisch zusammen mit dem Zucker, dem Vanillinzucker und dem Zitronensaft in den Mixer geben und fein pürieren.
3. Auf schwächster Stufe die Buttermilch darunterrühren.
4. In zwei hohe Gläser jeweils eine Kugel Vanilleeis geben, den Drink dazugießen und mit Knickstrohhalmen servieren.
(auf dem Foto: links)

Feinschmecker-Tip

Garnieren Sie die Gläser mit einer dünnen Spirale aus Zitronenschale oder mit einem Rand aus Hagelzucker.

Vanilleshake mit Erdbeereis

Für 2 Portionen
ca. 275 kcal pro Glas

200 g Dickmilch oder Sauermilch 3,5 % Fett
5 EL süße Sahne
5 EL Vollmilch
1/4 Vanilleschote
1 EL Zucker
1 Päckchen Vanillinzucker
4 Kugeln Erdbeereis
einige Erdbeeren zum Garnieren

1. Die Dickmilch oder die Sauermilch in ein hohes Rührgefäß geben und mit der Sahne und der Milch gut verquirlen.
2. Das Mark aus der Vanilleschote herauskratzen und zusammen mit dem Zucker und dem Vanillinzucker darunterrühren.
3. In zwei Gläser jeweils zwei Kugeln Erdbeereis geben, den Vanilleshake hineingießen und jedes Glas mit ein oder zwei Erdbeeren garnieren.
(auf dem Foto: Mitte)

Eisdrink Waldemar

Für 2 Portionen
ca. 180 kcal pro Glas

1/2 kleiner, säuerlicher Apfel
Saft von 1/2 Limette
2–3 EL Waldmeistersirup
1 EL süße Sahne
125 g Sauermilch oder Dickmilch 1,5 % Fett
2 Kugeln Zitronen- oder Waldmeistereis

1. Den Apfel waschen, schälen, vierteln und das Kerngehäuse entfernen. Das Fruchtfleisch in Spalten schneiden und in den Mixer geben.
2. Den Limettensaft und den Sirup dazugeben und alles kräftig durchmixen.
3. Die Sahne und die Sauer- oder die Dickmilch dazugießen und beides kräftig daruntermischen.
4. In zwei hohe Gläser jeweils eine Kugel Zitronen- oder Waldmeistereis geben und den Drink hineingießen. Mit farblich passenden Knickstrohhalmen servieren.
(auf dem Foto: rechts)

Feinschmecker-Tip

Garnieren Sie diesen Drink mit Zitronenmelisse, mit frischen Waldmeisterzweigen oder mit einer Spirale aus Limettenschale.

Hagebutten-Orangen-Drink

Für 2 Portionen
ca. 160 kcal pro Glas

2 gehäufte EL Hagebutten-marmelade
1 Blutorange
1 EL Zucker
250 g Kefir 1,5 % Fett

1. Die Hagebuttenmarmelade in ein schmales Rührgefäß geben.
2. Die Blutorange halbieren, eine dünne Scheibe abschneiden und sie für die Garnitur beiseite legen. Die Fruchthälften auspressen.
3. Die Marmelade mit dem Blutorangensaft gut verrühren, danach den Zucker daruntermischen.
4. Mit dem Kefir auffüllen und alles mit dem Schneebesen kräftig verquirlen.
5. Den Drink in zwei Gläser füllen und jeweils eine halbe Orangenscheibe an den Rand stecken.
(auf dem Foto: links)

WALDFEE

Für 2 Portionen
ca. 125 kcal pro Glas

150 g gemischte, frische Waldbeeren (Himbeeren, Brombeeren, Heidelbeeren)
1–2 EL ungezuckerter Holunderbeersaft
1 EL Himbeersirup
150 g Kefir 1,5 % Fett
1–2 EL geschlagene Sahne

1. Die Beeren waschen und verlesen. Eine Brombeere und eine Himbeere für die Garnitur beiseite legen. Die restlichen Beeren zusammen mit dem Holunderbeersaft in den Mixer geben.
2. Die Beeren kräftig durchmixen, dann die Masse durch ein feines Sieb streichen und in ein hohes Rührgefäß geben.
3. Den Himbeersirup und den Kefir mit dem Schneebesen kräftig darunterrühren.
4. Den Drink in zwei Gläser füllen und jeweils mit einem dicken Sahnetupfer garnieren. Auf den einen Drink eine Himbeere, auf den anderen eine Brombeere setzen. Mit dicken Strohhalmen servieren.
(auf dem Foto: rechts)

Miss Marple

Für 2 Portionen
ca. 105 kcal pro Glas

- *2 EL gezuckertes Apfelmus aus dem Glas*
- *1 TL Zitronensaft*
- *1 TL echter Vanillezucker*
- *1 Msp. Zimtpulver*
- *1–2 EL Apfelsaft*
- *150 g gerührter Magermilch-joghurt*
- *1–2 EL geschlagene Sahne*
- *2 Schokoblättchen*

1. In einem Rührgefäß das Apfelmus mit Zitronensaft, Vanillinzucker, Zimtpulver und Apfelsaft gut verrühren.
2. Den Joghurt mit einem Schneebesen kräftig darunterquirlen und den Drink in zwei Gläser füllen.
3. In die Mitte jeweils einen Sahnetupfer spritzen und je ein Schokoblättchen in die Sahne stecken. Mit dicken Strohhalmen servieren.
(auf dem Foto: links)

Big Banana

Für 2 Portionen
ca. 215 kcal pro Glas

- *1 Banane*
- *1 Orange*
- *1 EL Zucker*
- *1 TL echter Vanillezucker*
- *300 g Buttermilch*

1. Die Banane schälen, in dicke Scheiben schneiden und in den Mixer geben.
2. Die Orange halbieren, zwei Scheiben für die Garnitur abschneiden und beiseite legen. Die Fruchthälften auspressen und den Saft in den Mixer geben.
3. Die Bananenstücke und den Orangensaft gut durchmixen, dann den Zucker, den Vanillinzucker und die Buttermilch dazugeben und alles kräftig verquirlen.
4. Den Drink in zwei hohe Gläser füllen und jeweils eine Orangenscheibe an den Rand stecken.
(auf dem Foto: Mitte)

Feinschmecker-Tip

Der Drink schmeckt auch prima mit Vanilleeis oder mit etwas Orangenlikör verfeinert!

Birnen-Zimt-Milch

Für 2 Portionen
ca. 160 kcal pro Glas

- *1 vollreife, saftige Birne*
- *2 TL Zucker*
- *1 TL Vanillinzucker*
- *1 EL Zitronensaft*
- *2 EL süße Sahne*
- *1 TL Zimtpulver*
- *200 ml Vollmilch*
- *etwas Schokoladenkuvertüre*

1. Die Birne waschen, schälen, vierteln und das Kerngehäuse entfernen.
2. Das Fruchtfleisch in grobe Stücke schneiden und mit dem Zucker, dem Vanillinzucker und dem Zitronensaft in den Mixer geben.
3. Alles kräftig durchmixen, dann die Sahne und das Zimtpulver darunterrühren und auf schwächster Stufe die kalte Milch daruntermixen.
4. Die Schokoladenkuvertüre erwärmen und zwei Gläser mit dem Rand etwa ½ Zentimeter tief hineintauchen.
5. Den Schokoladenüberzug antrocknen lassen, dann den Drink einfüllen und mit Knickstrohhalmen servieren.
(auf dem Foto: rechts)

Citronella

Für 2 Portionen
ca. 180 kcal pro Glas

- *2–3 Kugeln Zitroneneis*
- *Saft von 1/2 Zitrone*
- *1 EL Zucker*
- *250 g Buttermilch*
- *2 Scheiben einer unbehandelten Zitrone oder*
- *2 Zitronenspiralen*

1. Das Zitroneneis in eine vorgekühlte Metallschüssel geben und mit dem Zitronensaft und dem Zucker cremig rühren.
2. Die Buttermilch unter Rühren dazugeben, alles kräftig verquirlen und den Drink in zwei hohe Gläser füllen.
3. Jeweils eine Zitronenscheibe an den Glasrand stecken oder je eine Zitronenspirale ans Glas hängen.
(auf dem Foto: links)

Feinschmecker-Tip

Hübsch sieht es aus, wenn Sie ganze Zitronenscheiben an den Rand stecken und jeweils ein Papierschirmchen daran befestigen. Oder spritzen Sie Sahne auf die Drinks, und stecken Sie das Schirmchen hinein. Sie können die Sahnetupfer aber auch einfach mit bunten Liebesperlen bestreuen.

Erdbeerdrink Cardinal

Für 2 Portionen
ca. 200 kcal pro Glas

- *100 g frische Erdbeeren*
- *50 g frische Himbeeren*
- *1 EL Zucker*
- *250 ml sehr kalte Vollmilch*
- *1–2 EL geschlagene Sahne*
- *1 TL Mandelblättchen*
- *1 TL gehackte Pistazien*

1. Die Beeren waschen und verlesen. Mit einer Gabel fein zerdrücken und mit dem Zucker mischen.
2. Die Milch in ein hohes Rührgefäß gießen, mit dem Handrührgerät schaumig schlagen und die zerdrückten Beeren löffelweise darunterrühren.
3. Den Drink in zwei hohe Gläser füllen, jeweils mit einem dicken Sahnetupfer garnieren und darauf die Mandelblättchen und die Pistazienstücke streuen. Mit dicken Trinkhalmen servieren.
(auf dem Foto: Mitte)

Milchdrink Pfirsich Melba

Für 2 Portionen
ca. 265 kcal pro Glas

- *50 g frische Himbeeren*
- *2 TL Zucker*
- *1 großer, vollreifer Pfirsich*
- *2 EL süße Sahne*
- *2 Kugeln Vanilleeis*
- *200 ml sehr kalte Vollmilch*

1. Die Himbeeren waschen und verlesen. Zwei schöne Himbeeren für die Garnitur beiseite legen. Die restlichen Beeren mit einer Gabel zerdrücken, mit der Hälfte des Zuckers verrühren und auf zwei hohe Gläser verteilen.
2. Den Pfirsich mit heißem Wasser überbrühen, die Haut abziehen, die Frucht halbieren und entsteinen.
3. Das Fruchtfleisch in Stücke schneiden und mit der Sahne und dem restlichen Zucker in den Mixer geben. Alles kräftig durchmixen, bis das Fruchtfleisch püriert ist.
4. Das Pfirsichmus in eine Rührschüssel geben, das Vanilleeis hinzufügen und das Ganze cremig rühren. Dann die Milch dazugeben und darunterrühren.
5. Die Pfirsichmilch nun auf das Himbeerpüree gießen und auf jeden Drink eine Himbeere setzen. Mit dicken Strohhalmen sofort servieren.
(auf dem Foto: rechts)

Erdbeer-Orangen-Shake

Für 2 Portionen
ca. 120 kcal pro Glas

100 ml Orangensaft
2 EL Erdbeersirup
1 Msp. abgeriebene Schale einer unbehandelten Orange
250 g Buttermilch
2 Scheiben einer unbehandelten Orange und
1 Erdbeere

1. Den Orangensaft, den Erdbeersirup und die Orangenschale in ein hohes Rührgefäß geben und alles gut verquirlen.
2. Die Buttermilch dazugießen und das Ganze kräftig verrühren.
3. Dann den Drink in zwei Kelchgläser füllen und jeweils eine Orangenscheibe und eine halbe Erdbeere an den Rand stecken.
(auf dem Foto oben: links)

Buttermilch-drink Kiba

Für 2 Portionen
ca. 110 kcal pro Glas

100 ml Kirschnektar
100 ml Bananennektar
1 Spritzer Zitronensaft
200 g Buttermilch
6 Bananenscheibchen

1. Den Kirschnektar, den Bananennektar und etwas Zitronensaft in einem hohen Rührgefäß verquirlen.
2. Die Buttermilch kräftig darunterrühren.
3. Den Drink in drei hohe Gläser füllen und jeweils drei Bananenscheibchen an den Rand stecken.
(auf dem Foto oben: rechts)

Exotix

Für 2 Portionen
ca. 170 kcal pro Glas

100 ml Orangensaft
2 EL Maracujasirup
1 TL Ingwersirup
300 g gerührter Magermilchjoghurt
2–3 EL geschlagene Sahne
2 Papierschirmchen zum Garnieren

1. Den Orangensaft und die Sirupe in ein hohes Rührgefäß geben und gut verrühren.
2. Den Joghurt dazugießen und kräftig damit verquirlen.
3. Den Drink in zwei hohe Gläser füllen, jeweils mit einem Sahnetupfer verzieren und in die Sahne jeweils ein Papierschirmchen stecken.
(auf dem Foto unten: links)

Babydoll

Für 2 Portionen
ca. 205 kcal pro Glas

100 ml Kirschnektar
1 TL Himbeersirup
50 ml ungezuckerter Holunderbeersaft
2 TL Zucker
1 TL Vanillinzucker
300 g Kefir 1,5 % Fett
2–3 EL geschlagene Sahne
2 frische Kirschen mit Stiel

1. Den Kirschnektar, den Himbeersirup und den Holunderbeersaft in ein hohes Rührgefäß geben und alles gut verrühren.
2. Den Zucker, den Vanillinzucker und den Kefir dazugeben und alles kräftig verquirlen.
3. Den Drink in zwei hohe Gläser füllen, jeweils mit einem Sahnetupfer garnieren und eine Kirsche darauf setzen.
(auf dem Foto unten: rechts)

Gemüsedrink Provençal

Für 2 Portionen
ca. 220 kcal pro Glas

- *1 kleiner Zucchino*
- *1 kleine rote Paprikaschote*
- *1 kleine Knoblauchzehe*
- *1 kleine Zwiebel*
- *je 1 Zweig frischer Majoran und Thymian*
- *½ Bund Petersilie*
- *1 Msp. Kräuter der Provence*
- *1 Spritzer Zitronensaft*
- *200 g gerührter Sahnejoghurt*
- *200 ml Vollmilch*
- *weißer Pfeffer*
- *Salz oder Kräutersalz*
- *Eiswürfel*

1. Den Zucchino waschen, schälen, in Scheibchen schneiden und in den Mixer geben.
2. Die Paprikaschote waschen, vierteln, die Kerne und die weißen Häute entfernen, das Fruchtfleisch fein würfeln und beiseite stellen.
3. Die Knoblauchzehe und die Zwiebel schälen, beides kleinschneiden und in den Mixer geben.
4. Die frischen Kräuter gut waschen, die Blättchen von den Stielen zupfen und mit den Kräutern der Provence in den Mixer geben.
5. Alles kräftig durchmixen, dann den Zitronensaft und den Joghurt darunterrühren. Die Milch dazugeben, alles noch einmal durchrühren und den Drink mit Pfeffer und Salz oder Kräutersalz kräftig abschmecken.
6. Die Paprikawürfelchen daruntermischen.
7. Den Drink in zwei tiefe Schalen füllen und sie auf Eiswürfel gestellt servieren.
(auf dem Foto: links)

Karo-As

Für 2 Portionen
ca. 60 kcal pro Glas

- *100 ml Rote-Bete-Saft*
- *100 ml ungesüßter Karottensaft*
- *100 g Kefir 1,5 % Fett*
- *1 TL Zitronensaft*
- *weißer Pfeffer, Salz*
- *gestoßener Kümmel*
- *2 Eiswürfel*
- *2 Petersilienzweige*

1. Den Rote-Bete-Saft mit dem Karottensaft verquirlen und den Kefir daruntermischen.
2. Den Zitronensaft darunterrühren und den Drink mit Pfeffer, Salz und Kümmel abschmecken.
3. In zwei Gläser jeweils einen Eiswürfel geben, den Drink einfüllen und jeweils mit einem Petersilienzweig garnieren.
(auf dem Foto: Mitte)

Wurzelzwerg

Für 2 Portionen
ca. 70 kcal pro Glas

- *100 ml Selleriesaft*
- *100 ml ungesüßter Karottensaft*
- *1 kleine Zwiebel*
- *1 kleine Petersilienwurzel*
- *½ Bund Kerbel*
- *1 TL Zitronensaft*
- *150 g Buttermilch*
- *weißer Pfeffer*
- *Salz*
- *Sellerieblättchen*

1. Die Gemüsesäfte in ein Rührgefäß geben und gut verquirlen.
2. Die Zwiebel schälen, vierteln und in den Mixer geben. Die Petersilienwurzel waschen, kleinschneiden und dazugeben.
3. Den Kerbel waschen, trockenschleudern und grob hacken. Zusammen mit dem Zitronensaft in den Mixer geben und alles kräftig durchmixen.
4. Auf schwächster Stufe die Buttermilch darunterrühren.
5. Die Buttermilchmischung zu den Gemüsesäften in das Rührgefäß gießen, alles gut verquirlen und den Drink mit Pfeffer und Salz abschmecken.
6. Den Drink in zwei Gläser gießen und jeweils mit Sellerieblättchen garnieren.
(auf dem Foto: rechts)

Würziger Gurkendrink

Für 2 Portionen
ca. 100 kcal pro Glas

250 g Salatgurke
½ kleine Zwiebel
½ kleine Knoblauchzehe
2 EL Zitronensaft
½ Bund Schnittlauch
2 Blättchen Zitronenmelisse
1 EL Doppelrahmfrischkäse mit Kräutern 60 % Fett i. Tr.
1 Prise Salz
weißer Pfeffer
150 g Sauermilch 1,5 % Fett

1. Die Gurke waschen, schälen und vier Scheiben beiseite legen. Dann die Gurke grob würfeln und in den Mixer geben.
2. Die Zwiebel und den Knoblauch schälen, dann zusammen mit dem Zitronensaft in den Mixer geben.
3. Die Kräuter waschen. Den Schnittlauch in Röllchen schneiden, mit den Zitronenmelisseblättchen, dem Frischkäse und etwas Salz in den Mixer geben und alles auf höchster Stufe gründlich durchmixen.
4. Das Gurkenpüree mit Pfeffer pikant abschmekken und dann die Sauermilch auf höchster Stufe kräftig daruntermischen.
5. Den Drink in zwei Sektschalen füllen und mit den Gurkenscheiben dekorieren.
(auf dem Foto: links)

Joggerdrink

Für 2 Portionen
ca. 80 kcal pro Glas

¼ ml Gemüsesaft
200 g Buttermilch
1 Msp. frischgeriebener Meerrettich
1 TL Zitronensaft
weißer Pfeffer
Salz
1 TL Schnittlauchröllchen

1. Den Gemüsesaft mit der Buttermilch, dem Meerrettich und dem Zitronensaft gut verquirlen.
2. Den Drink mit Pfeffer und Salz abschmecken und in zwei hohe Gläser füllen. Mit Schnittlauchröllchen bestreuen und mit dicken Strohhalmen servieren.
(auf dem Foto: Mitte)

Feinschmecker-Tip

Wie sein Name schon sagt, ist dieser Buttermilchdrink ein idealer Durstlöscher nach dem Sport.

Melonen-Kefir-Drink

Für 2 Portionen
ca. 90 kcal pro Glas

150 g Salatgurke
2 EL Zitronensaft
1 TL geriebener Meerrettich aus dem Glas
200 g Kefir 1,5 % Fett
weißer Pfeffer
Salz
100 g Wassermelone (Fruchtfleisch ohne Kerne)
6 Gurkenscheiben
2 Eiswürfel

1. Die Salatgurke waschen, schälen, der Länge nach halbieren und mit einem Teelöffel die Kerne herausschaben. Die Gurke grob würfeln und in den Mixer geben.
2. Den Zitronensaft und den Meerrettich dazugeben und kräftig durchmixen.
3. Auf schwächster Stufe den Kefir dazugießen und alles kurz verquirlen. Dann den Drink mit Pfeffer und Salz abschmecken.
4. Mit einem Kugelausstecher kleine Kugeln aus dem Melonenfruchtfleisch ausstechen und sie mit den Gurkenscheiben auf zwei lange Spieße stecken.
5. Zwei hohe Gläser bereitstellen. In jedes einen Eiswürfel geben, einen Spieß hineinstellen und den Drink hineingießen. Mit dicken Strohhalmen servieren.
(auf dem Foto: rechts)

Paprikadrink

Für 2 Portionen
ca. 80 kcal pro Glas

1/2 rote Paprikaschote
1 kleine Tomate
1/2 kleine Zwiebel
1/2 kleine Knoblauchzehe
2 Blättchen Zitronenmelisse
Saft von 1/2 Orange
1 TL Zucker
1 EL süße Sahne
weißer Pfeffer, Salz
150 g gerührter Joghurt
mit 1,5 % Fett

1. Die Paprikaschote waschen, vierteln. Die Kerne und die weißen Häute entfernen. Das Fruchtfleisch in grobe Stücke schneiden und in den Mixer geben.
2. Die Tomate waschen, vierteln und ebenfalls in den Mixer geben.
3. Die Zwiebel und die Knoblauchzehe schälen, halbieren und je eine Hälfte mit der Zitronenmelisse in den Mixer geben.
4. Den Orangensaft und den Zucker dazugeben und die Zutaten auf höchster Stufe kräftig durchmixen, bis eine gleichmäßig rote Masse entstanden ist.
5. Die Sahne, Pfeffer und Salz hinzufügen und alles kurz durchrühren.
6. Den Joghurt löffelweise dazugeben und auf schwächster Stufe daruntermischen. Den Drink in zwei Whiskygläser füllen.
(auf dem Foto: links)

Feurio

Für 2 Portionen
ca. 100 kcal pro Glas

50 g rote Paprikaschote
1 EL Zitronensaft
1 TL geriebener Meerrettich aus dem Glas
1 EL Ajvar (serbische Paprikazubereitung)
1 kleine Zwiebel
200 g Kefir 1,5 % Fett
weißer Pfeffer, Salz
4 Zweige Petersilie

1. Die Paprikaschote waschen, vierteln und die Kerne und die weißen Häute entfernen. Das Fruchtfleisch in Stücke schneiden und in den Mixer geben.
2. Den Zitronensaft, den Meerrettich und den Ajvar dazugeben.
3. Die Zwiebel schälen, halbieren und ebenfalls in den Mixer geben.
4. Alles auf stärkster Stufe gründlich durchmixen und den Kefir dann auf schwächster Stufe kurz daruntermischen.
5. Den Drink mit Pfeffer und Salz abschmecken.
6. Die Petersilie waschen, trockenschleudern und sehr fein hacken. Zwei Gläser am Rand anfeuchten und in die Petersilie tauchen, so daß ein grüner Rand entsteht.
7. Den Drink vorsichtig einfüllen und mit Knickstrohhalmen servieren.
(auf dem Foto: rechts)

Rote Berta

Für 2 Portionen
ca. 75 kcal pro Glas

150 g rote Beten aus dem Glas
1 kleine Zwiebel
1/2 TL geriebener Meerrettich aus dem Glas
1 EL Zitronensaft
250 g Buttermilch
weißer Pfeffer
Salz

1. Die roten Beten in ein Sieb geben und gut abtropfen lassen.
2. Die Zwiebel schälen, halbieren und zusammen mit den roten Beten in den Mixer geben.
3. Den Meerrettich und den Zitronensaft hinzufügen und alles kräftig durchmixen.
4. Auf schwächster Stufe die Buttermilch langsam dazugießen, dann alles auf stärkster Stufe kurz durchmixen.
5. Den Drink mit Pfeffer und Salz abschmecken und in zwei Gläser füllen.
(auf dem Foto: links)

Herzdame

Für 2 Portionen
ca. 90 kcal pro Glas

1/2 kleine Zwiebel
1 kleine Knoblauchzehe
1/4 l Tomatensaft
250 g Kefir 1,5 % Fett
1 Spritzer Tabasco
schwarzer Pfeffer aus der Mühle
edelsüßes Paprikapulver
Salz
1 Tomatenscheibe

1. Die halbe Zwiebel schälen, grob zerkleinern und in den Mixer geben.
2. Die Knoblauchzehe ebenfalls schälen und dazugeben.
3. Den Tomatensaft dazugießen und alles kräftig durchmixen.
4. Auf schwächster Stufe den Kefir und einen Spritzer Tabasco dazugeben und alles kurz mixen.
5. Den Drink mit den Gewürzen und etwas Salz pikant abschmecken. Dann in zwei Gläser füllen und mit je einer halben Tomatenscheibe am Rand garnieren.
(auf dem Foto: Mitte)

Gemüsecocktail

Für 2 Portionen
ca. 95 kcal pro Glas

2 Möhren
50 g Sellerieknolle
1 Tl Zitronensaft
1 TL Honig
250 g Buttermilch
Sellerie- oder Kräutersalz
weißer Pfeffer
einige Blättchen Selleriegrün

1. Die Möhren waschen, abbürsten und in dicke Scheiben schneiden. Den Sellerie schälen und grob würfeln.
2. Das Gemüse zusammen mit dem Zitronensaft und dem Honig in den Mixer geben und gut durchmixen.
3. Die Buttermilch langsam dazugießen und dabei auf kleinster Stufe weitermixen.
4. Den Drink mit Sellerie- oder Kräutersalz und Pfeffer pikant abschmecken.
5. Den Drink in zwei große Cocktailschalen füllen und jeweils mit einigen Sellerieblättchen hübsch garnieren.
(auf dem Foto: rechts)

Tomato picante

Für 2 Portionen
ca. 85 kcal pro Glas

200 ml Tomatensaft
1 EL Zitronensaft
100 g Buttermilch
3 EL Sangrita pikante
weißer Pfeffer
Salz
2 Eiswürfel
2 EL Sahnedickmilch mit 10 % Fett
1 EL Schnittlauchröllchen

1. Den Tomatensaft mit dem Zitronensaft und der Buttermilch gut verquirlen.
2. Den Sangrita daruntermischen und den Drink mit Pfeffer und Salz pikant abschmecken.
3. In zwei Gläser jeweils einen Eiswürfel geben und den Drink einfüllen.
4. Die Sahnedickmilch mit einem Schneebesen glattrühren, die Schnittlauchröllchen daruntermischen und jeweils 1 Eßlöffel dieser Schnittlauchcreme auf die Drinks setzen. Mit dicken Strohhalmen servieren.
(auf dem Foto: rechts)

Manolito

Für 2 Portionen
ca. 45 kcal pro Glas

75 g rote oder gelbe Paprikaschote
1 unbehandelte Orange
½ TL Currypulver
150 g gerührter Joghurt mit 1,5 % Fett
weißer Pfeffer
Salz

1. Die Paprikaschote waschen, vierteln und die Kerne und die weißen Häute entfernen. Das Fruchtfleisch in grobe Stücke schneiden und in den Mixer geben.
2. Die Orange gut waschen und halbieren. Die Schale einer Orangenhälfte abreiben und die Fruchthälfte auspressen. Von der anderen Hälfte zwei Filets für die Garnitur abschneiden. Die abgeriebene Schale und den Saft in den Mixer geben.
3. Die Zutaten kräftig durchmixen, dann den Curry daruntermischen.
4. Den Joghurt dazugießen, alles kurz durchquirlen und den Drink mit Pfeffer und Salz abschmecken.
5. Den Drink in zwei kleine Sektkelche füllen und jeweils ein Orangenfilet an den Rand stecken.
(auf dem Foto: links)

Moulin Rouge

Für 2 Portionen
ca. 100 kcal pro Glas

100 ml Rote-Bete-Saft
150 ml Tomatensaft
3 EL Sangrita
100 g gerührter Magermilchjoghurt
schwarzer Pfeffer aus der Mühle
Salz
1–2 EL halbsteif geschlagene Sahne
1 EL geriebener Meerrettich aus dem Glas

1. Die Gemüsesäfte in ein hohes Rührgefäß gießen, den Sangrita dazugeben und alles gut verquirlen.
2. Den Joghurt darunterrühren und den Drink mit Pfeffer und Salz kräftig abschmecken.
3. Die Sahne mit dem Meerrettich verrühren.
4. Den Drink in zwei Gläser füllen und jeweils einen Klecks Meerrettichsahne daraufgeben. In jedes Glas ein kleines rotes Windrädchen stellen.
(auf dem Foto: Mitte)

Griechischer Joghurtcocktail

Für 2 Portionen
ca. 95 kcal pro Glas

150 g Salatgurke
1 kleine Knoblauchzehe
1 TL Zitronensaft
2 Blättchen Borretsch
½ Bund Dill
100 g Sahnejoghurt aus
Ziegenmilch oder normaler
Sahnejoghurt 10 % Fett
100 g fettarmer Kefir
weißer Pfeffer, Salz

1. Die Salatgurke waschen, schälen und zwei dünne Scheiben für die Garnitur abschneiden. Dann die Gurke der Länge nach halbieren und mit einem Teelöffel die Kerne herausschaben. Die Gurke in grobe Stücke schneiden und in den Mixer geben.
2. Die Knoblauchzehe schälen, zerdrücken und in den Mixer geben. Alles kräftig durchmixen.
3. Den Zitronensaft hinzufügen. Die Kräuter waschen, zwei Dillzweige beiseite legen, die restlichen Kräuter fein wiegen und daruntermischen.
4. Auf schwächster Stufe den Joghurt und den Kefir dazugeben, alles verquirlen und anschließend noch würzen.
5. Den Drink in zwei breite Sektschalen füllen und mit den Gurkenscheiben und dem Dill dekorieren.
(auf dem Foto: links)

Radimix

Für 2 Portionen
ca. 60 kcal pro Glas

10 Radieschen
1 Kästchen Kresse
1/2 TL frischgeriebener Meerrettich
1 TL Zitronensaft
250 g Buttermilch
1 Prise Zucker
weißer Pfeffer
Salz oder Kräutersalz

1. Die Radieschen putzen, waschen, ein Radieschen für die Garnitur aufheben und die restlichen in den Mixer geben.
2. Die Kresse waschen, abschneiden und einige Stielchen für die Garnitur beiseite legen. Die restliche Kresse in den Mixer geben und alles gut zerkleinern.
3. Den Meerrettich, den Zitronensaft und die Buttermilch dazugießen und alles auf höchster Stufe kräftig verquirlen.
4. Den Drink mit etwas Zucker, Pfeffer und Salz oder Kräutersalz gut abschmecken und in zwei Dessert- oder Sektschalen füllen.
5. In die Mitte jeweils ein Sträußchen Kresse geben und einige Radieschenscheiben dazulegen. Mit Löffeln servieren.
(auf dem Foto: rechts)

Kräutergarten

Für 2 Portionen
ca. 70 kcal pro Glas

1/2 kleine Knoblauchzehe
1 EL gehackter Dill
1 EL gehackte Petersilie
1 EL Schnittlauchröllchen
1 EL gehackte Zitronenmelisse
1 TL gehackter Estragon oder
1 Msp. getrockneter Estragon
250 g Kefir 1,5 % Fett
einige Tropfen Worcestersauce
weißer Pfeffer
wenig Salz

1. Die Knoblauchzehe schälen, durch eine Presse drücken und zusammen mit den gehackten Kräutern in den Mixer geben.
2. Den Kefir dazugeben und alles gut verquirlen.
3. Den Drink mit Worcestersauce, Pfeffer und eventuell etwas Salz abschmecken und in zwei Gläser füllen.
(auf dem Foto: links)

Kresseshake

Für 2 Portionen
ca. 75 kcal pro Glas

1 Kästchen Kresse
300 g Buttermilch
2 EL Zitronensaft
1 TL geriebener Meerrettich aus dem Glas
weißer Pfeffer
Salz
einige Tropfen Worcestersauce
2 Scheiben einer unbehandelten Zitrone

1. Die Kresse gut waschen und abschneiden. Einige Stielchen für die Garnitur beiseite legen.
2. Die Buttermilch, den Zitronensaft, den Meerrettich und die Kresse in den Mixer geben und alles kräftig durchmixen, bis die Kresse gut zerkleinert ist.
3. Den Drink mit Pfeffer, Salz und Worcestersauce abschmecken.
4. Die Zitronenscheiben einmal vom Rand zur Mitte einschneiden, jeweils ein kleines Bündel der beiseitegelegten Kresse in den Einschnitt klemmen und zwei hohe Gläser damit dekorieren.
5. Den Drink einfüllen und mit dicken Strohhalmen servieren.
(auf dem Foto: Mitte)

Frühjahrsgruss

Für 2 Portionen
ca. 70 kcal pro Glas

1 Bund Kerbel
2 Sauerampferblättchen
150 ml Selleriesaft
1 EL Zitronensaft
150 g Sauermilch oder Dickmilch 3,5 % Fett
weißer Pfeffer
Sellerie- oder Kräutersalz

1. Den Kerbel und die Sauerampferblätter waschen und trockenschleudern. Einige Kerbelzweige für die Garnitur beiseite legen.
2. Die Kräuter grob hakken, zusammen mit dem Sellerie- und dem Zitronensaft in den Mixer geben und alles kräftig durchmixen.
3. Die Sauer- oder die Dickmilch dazugeben, gut darunterrühren und den Drink mit etwas Pfeffer und Sellerie- oder Kräutersalz würzig abschmecken.
4. Den Drink in zwei Gläser füllen und mit den Kerbelzweigen garnieren.
(auf dem Foto: rechts)

Rainin' again

Für 2 Portionen
ca. 195 kcal pro Glas

- *2 TL schwarzer Tee (Darjeeling)*
- *¼ l Vollmilch*
- *1 EL Zucker*
- *1 TL echter Vanillezucker*
- *2 cl brauner Rum*
- *1–2 EL geschlagene Sahne*
- *Zimtpulver*

1. Etwa 150 Milliliter Wasser zum Kochen bringen, den Tee in einer Tasse damit überbrühen und etwa 5 Minuten zugedeckt ziehen lassen.
2. Den Tee durch ein Sieb gießen und auf zwei große vorgewärmte Tassen oder Henkelgläser verteilen. Die Milch erhitzen.
3. Den Zucker, den Vanillezucker und den Rum in die heiße Milch einrühren und die Mischung zum Tee gießen.
4. Obenauf jeweils ein Sahnehäubchen spritzen und mit Zimt bestreuen.
(auf dem Foto: links)

Feinschmecker-Tip

Dieser Drink schmeckt auch eisgekühlt. Verwenden Sie dafür kalten schwarzen Tee und kalte Milch und servieren Sie die Drinks auf Eiswürfeln.

Schlummertrunk

Für 2 Portionen
ca. 140 kcal pro Glas

- *300 ml Vollmilch*
- *1 EL Honig*
- *1 cl Cognac*
- *1 Msp. Zimtpulver*
- *1 Prise geriebene Muskatnuß*
- *1 Prise gemahlener Ingwer*

1. Die Milch stark erhitzen. Den Honig, den Cognac und die Gewürze in ein hohes Rührgefäß geben, die Milch dazugießen und alles kräftig durchquirlen.
2. Den Drink sofort in zwei vorgewärmte Tassen oder Henkelgläser füllen.
(auf dem Foto: vorne)

Café Oriental

Für 2 Portionen
ca. 215 kcal pro Glas

- *100 ml starker, heißer Kaffee*
- *1 TL Instantkakao*
- *1 EL Zucker*
- *4 cl Mokkalikör*
- *3 EL süße Sahne*
- *150 ml Vollmilch*
- *2 EL geschlagene Sahne*
- *Schokoraspel*

1. Die Milch erhitzen. Anschließend den Kaffee mit dem Instantkakao und dem Zucker verrühren und den Likör und die Sahne daruntermischen.
2. Das Ganze mit der heißen Milch aufgießen, kurz durchquirlen und dann in zwei vorgewärmte Tassen oder Henkelgläser füllen.
3. Auf jeden Drink ein Sahnehäubchen spritzen und ein paar Schokoraspeln darüberstreuen.
(auf dem Foto: hinten)

Schokomilch mit Schuss

Für 2 Portionen
ca. 185 kcal pro Glas

- *250 ml Vollmilch*
- *2 cl Weinbrand*
- *1 gehäufter EL Instantkakao*
- *1–2 EL geschlagene Sahne*
- *2 Schokoblättchen*

1. Die Milch stark erhitzen. Dann den Weinbrand und den Instantkakao hineinrühren und die Drinks sofort in zwei vorgewärmte Tassen oder Henkelgläser füllen.
2. Auf jeden Drink ein Sahnehäubchen spritzen und die Schokoblättchen darauf legen.
(auf dem Foto: rechts)

Black & White

Für 2 Portionen
ca. 260 kcal pro Glas

100 g süße Sahne
1–2 EL Instantkakao
200 ml sehr kalte Vollmilch
1 cl weißer Rum
1 TL Vanillinzucker

1. Die Sahne steif schlagen und den Instantkakao gut darunterrühren.
2. Die Sahne in einen Spitzbeutel oder in eine Tortenspritze füllen und in zwei weite Gläser spritzen.
3. Die Milch mit dem Rum und dem Vanillinzucker in einen Schüttelbecher geben und alles kräftig schütteln, bis die Milch schaumig ist.
4. Dann die Milch über die Schokosahne gießen. Die Drinks mit Strohhalmen servieren.
(auf dem Foto oben: links)

Mokkamilch Spezial

Für 2 Portionen
ca. 220 kcal pro Glas

400 ml sehr kalte Vollmilch
2–3 TL Instantkaffee
2 EL Zucker
2 cl Mokkalikör
Hagelzucker
Zimtpulver
1 Eiweiß

1. Die Milch in ein hohes Rührgefäß gießen und mit dem Schneebesen den Instantkaffee, den Zucker sowie den Likör kräftig darunterrühren.
2. Etwas Hagelzucker und Zimtpulver in ein flaches Schälchen streuen und gut mischen, bis der Zucker braun ist. Das Eiweiß in ein zweites Schälchen geben.
3. Zwei hohe Gläser zuerst in das Eiweiß und dann in die Zucker-Zimt-Mischung tauchen.
4. Den Drink vorsichtig in die Gläser füllen und jeweils einen Strohhalm hineinstellen.
(auf dem Foto oben: rechts)

Cognac au lait

Für 2 Portionen
ca. 160 kcal pro Glas

200 g sehr kalte Vollmilch
1 TL Instantkakao
4 cl Cognac
1 Msp. Zimtpulver
1 EL Zucker
4 EL geschlagene Sahne
Schokoraspel

1. Die Milch mit dem Instantkakao, dem Cognac, dem Zimt und dem Zucker verquirlen und in zwei Gläser füllen.
2. Auf jeden Drink einen dicken Sahnetupfer geben und Schokoraspel darüberstreuen.
3. Die Drinks mit Knickstrohhalmen servieren.
(auf dem Foto unten: links)

Orient Express

Für 2 Portionen
ca. 250 kcal pro Glas

400 ml sehr kalte Vollmilch
2 EL Instantkakao
4 cl Amaretto
feingemahlene Mandeln

1. Die Milch in ein hohes Rührgefäß gießen und den Instantkakao mit einem Schneebesen so lange kräftig darunterschlagen, bis das Getränk schaumig wird.
2. Dann den Amaretto darunterrühren.
3. Zwei hohe Gläser am Rand anfeuchten und in die gemahlenen Mandeln tauchen.
4. Den Drink vorsichtig einfüllen und mit Trinkhalmen servieren.
(auf dem Foto unten: rechts)

Erdbeerdrink Baronesse

Für 2 Portionen
ca. 170 kcal pro Glas

100 g Walderdbeeren
2 cl Kirschwasser
1 TL Zucker
2–3 Kugeln Erdbeereis
200 g gerührter Magermilch-joghurt
1 Eiweiß
Zucker zum Garnieren

1. Die Erdbeeren waschen und verlesen. Einige schöne Beeren, eventuell mit Blütenansatz, für die Garnitur beiseite legen. Die restlichen mit einer Gabel fein zerdrücken. Das Kirschwasser und den Zucker daruntermischen.
2. Das Erdbeereis in eine vorgekühlte Metallschüssel geben und mit dem Handrührgerät cremig rühren.
3. Das Erdbeermus rasch darunterrühren und den Joghurt kräftig darunterschlagen.
4. Den Drink in zwei hohe Gläser füllen.
5. Die beiseitegelegten Erdbeeren zunächst in das Eiweiß, dann in Zucker tauchen und ihn antrocknen lassen. Den Glasrand mit den Beeren dekorieren und die Drinks mit dicken Knickstrohhalmen servieren.
(auf dem Foto: links)

Jet Set

Für 2 Portionen
ca. 145 kcal pro Glas

2 cl Curaçao blue
1–2 EL Ananassaft
1 EL Zitronensaft
150 g gerührter Magermilchjoghurt
1 TL Vanillinzucker
1–2 EL geschlagene Sahne
2 kleine Ananasstückchen

1. Den Curaçao, den Ananas- und den Zitronensaft in einem Schüttelbecher kräftig mischen.
2. Den Joghurt in ein hohes Rührgefäß gießen, den Vanillinzucker dazugeben und mit dem Schneebesen kräftig daruntermischen.
3. Die Mischung aus dem Schüttelbecher zum Joghurt geben und daruntermischen.
4. Den Drink in zwei weite Gläser gießen, jeweils einen dicken Sahnetupfer daraufsetzen und je ein Ananasstückchen hineinstecken. Mit Strohhalmen servieren.
(auf dem Foto: rechts)

Tigerlilly

Für 2 Portionen
ca. 210 kcal pro Glas

250 g Aprikosen aus der Dose
Saft von ½ Zitrone
2 cl weißer Rum
1 EL Zucker
200 g Sauermilch 1,5 % Fett
abgeriebene Schale von 1 Zitrone
Hagelzucker
1 Eiweiß
2 Eiswürfel

1. Die Aprikosen abtropfen lassen und in den Mixer geben.
2. Den Zitronensaft, den Rum und den Zucker dazugeben und alles kräftig durchmixen.
3. Auf schwächster Stufe die Sauermilch hinzugießen und kurz darunterquirlen.
4. Die Zitronenschale mit etwas Hagelzucker in einem Schälchen mischen. Das Eiweiß in ein zweites Schälchen geben.
5. Zwei schwarzgestreifte hohe Gläser mit dem Rand zunächst in das Eiweiß und dann in die Zuckermischung tauchen. Den Rand antrocknen lassen.
6. Dann in jedes Glas einen Eiswürfel geben und den Drink vorsichtig einfüllen. Mit gelben Knickstrohhalmen servieren.
(auf dem Foto: links)

Nachbars Kirschen

Für 2 Portionen
ca. 295 kcal pro Glas

150 g entsteinte Süßkirschen aus dem Glas
1 EL Zucker
2 cl Kirschwasser
300 g Buttermilch
2 Kugeln Vanilleeis
1–2 EL geschlagene Sahne

1. Die Kirschen abtropfen lassen, zwei beiseite legen und die restlichen in den Mixer geben.
2. Dann den Zucker, das Kirschwasser und die Buttermilch dazugeben und alles kräftig durchmixen.
3. In zwei hohe Gläser jeweils eine Kugel Vanilleeis geben und die Kirschbuttermilch darübergießen.
4. Die Drinks mit einem dicken Sahnehäubchen und einer Kirsche garnieren und mit rotgestreiften Strohhalmen servieren.
(auf dem Foto: Mitte)

Miami Beach

Für 2 Portionen
ca. 150 kcal pro Glas

1 Ananasring aus der Dose
1 Blutorange
1 TL Vanillinzucker
½ Grapefruit
1 TL Kokosnußsirup
250 g Buttermilch
2 cl weißer Rum

1. Die Ananasscheibe in kleine Stücke schneiden.
2. Die Blutorange sorgfältig schälen und dabei auch die weiße Haut entfernen. Die Orangenfilets vorsichtig herauslösen und halbieren.
3. Die Fruchtstücke mischen und mit dem Vanillinzucker bestreuen.
4. Die Grapefruithälfte auspressen, dann den Saft und den Kokosnußsirup gut mit der Buttermilch und dem Rum verquirlen.
5. Die Fruchtstücke auf zwei breite Sektschalen verteilen und die Buttermilchmischung darübergießen. Mit Strohhalmen und Löffeln servieren.
(auf dem Foto: rechts)

Feinschmecker-Tip

Dekorieren Sie die Gläser mit einem Rand aus Zucker oder Kokosraspeln.

Peppermint Twist

Für 2 Portionen
ca. 180 kcal pro Glas

1 Handvoll frische Pfefferminzblätter
1 EL Zucker
1 TL Limetten- oder Zitronensaft
1 Msp. abgeriebene Schale einer unbehandelten Zitrone
250 g gerührter Magermilchjoghurt
2 cl grüner Pfefferminzlikör
2 Kugeln Pfefferminzeis, „After-eight-Eis" oder Zitroneneis
2 Scheiben einer unbehandelten Zitrone

1. Die Pfefferminzblätter waschen. Einige für die Garnitur beiseite legen. Die restlichen fein wiegen. Nicht im Mixer pürieren, denn sonst werden sie braun. Dann mit dem Zukker, dem Limetten- oder Zitronensaft und der Zitronenschale mischen.
2. Den Joghurt in ein hohes Rührgefäß geben und mit dem Pfefferminzlikör und der Pfefferminzblättermischung verquirlen.
3. In zwei hohe Gläser jeweils eine Kugel Eis geben und die Joghurtmischung darübergießen.
4. Die Drinks mit einigen Pfefferminzblättern und mit je einer Zitronenscheibe garnieren.
(auf dem Foto: links)

Bromillchen

Für 2 Portionen
ca. 260 kcal pro Glas

125 g frische Brombeeren
2 EL Zucker
2 cl Eierlikör
250 g Kefir 1,5 % Fett
3–4 EL geschlagene Sahne

1. Die Brombeeren waschen und verlesen. Einige für die Garnitur beiseite legen, die restlichen in den Mixer geben.
2. Den Zucker, den Eierlikör und den Kefir dazugeben und alles gut durchmixen.
3. Die Schlagsahne mit dem Schneebesen locker darunterziehen und den Drink in zwei hohe Gläser füllen.
4. Die beiseitegelegten Brombeeren an den Glasrand stecken und die Drinks mit Strohhalmen servieren.
(auf dem Foto: Mitte)

Feinschmecker-Tip

Ideal ist es, wenn Sie einen Sahnesiphon besitzen! So haben Sie kleinere Mengen an geschlagener Sahne schnell zur Hand.

Bijou bleu

Für 2 Portionen
ca. 180 kcal pro Glas

100 g Ananasstücke aus der Dose
4 cl Curaçao blue
150 g gerührter Joghurt mit 1,5 % Fett
2 TL Zucker
½ Grapefruit

1. Die Ananasstücke abtropfen lassen, in den Mixer geben und gut pürieren.
2. Das Ananaspüree in zwei hohe Gläser füllen und jeweils 2 Zentiliter Curaçao blue darübergießen.
3. Mit dem Schneebesen den Joghurt mit dem Zukker verrühren.
4. Die Grapefruithälfte auspressen und den Saft unter den Joghurt mischen.
5. Den Joghurt vorsichtig in die Gläser gießen, so daß sich drei Schichten bilden (gelb, blau, weiß).
6. In jedes Glas einen dikken Trinkhalm stellen und farblich passende Papierschirmchen hineinstecken.
(auf dem Foto: rechts)

Grüne Hexe

Für 2 Portionen
ca. 80 kcal pro Glas

1 Handvoll Kapuzinerkresse-blätter
½ Bund Kerbel
1 TL geriebener Meerrettich aus dem Glas
1 EL Zitronensaft
200 g Kefir 1,5 % Fett
2 cl Kräuterlikör
weißer Pfeffer
Salz
2 Kapuzinerkresseblüten

1. Die Kapuzinerkresseblätter dicht am Stiel abschneiden, gründlich waschen und trockenschleudern.
2. Den Kerbel waschen, trockenschleudern und grob zerkleinern.
3. Die Kapuzinerkresse und den Kerbel in den Mixer geben, den Meerrettich und den Zitronensaft hinzufügen und alles auf stärkster Stufe gründlich durchmixen.
4. Den Kefir langsam dazugießen und dabei auf kleinster Stufe weitermixen.
5. Den Kräuterlikör darunterrühren und den Drink mit Pfeffer und Salz scharf abschmecken.
6. Den Drink in zwei Sektschalen füllen und auf jede Portion eine Kapuzinerkresseblüte setzen.
(auf dem Foto: links)

Nastrowje

Für 2 Portionen
ca. 95 kcal pro Glas

200 ml Tomatensaft
1 EL Zitronensaft
1 Msp. frischgeriebener Meerrettich
200 g Kefir 1,5 % Fett
schwarzer Pfeffer aus der Mühle
Salz
2 cl Wodka
2 Prisen geriebene Muskatnuß

1. Den Tomatensaft mit dem Zitronensaft, dem Meerrettich und dem Kefir gut verquirlen.
2. Den Drink mit Pfeffer und Salz pikant würzen und den Wodka darunterrühren.
3. Dann den Drink in zwei hohe Gläser füllen und jeweils mit etwas Muskat bestäuben.
(auf dem Foto: rechts)

Feinschmecker-Tip

Hübsch sieht es aus, wenn Sie jeweils zwei Kirschtomaten und zwei grüne Oliven auf zwei lange Spießchen stekken und diese über die Gläser legen.

Bananenmilch Marlene

Für 2 Portionen
ca. 200 kcal pro Glas

- *1 kleine Banane*
- *4 cl Eierlikör*
- *2 TL Zucker*
- *1 Msp. abgeriebene Schale einer unbehandelten Zitrone*
- *1/4 l sehr kalte Vollmilch*

1. Die Banane schälen, mit der Gabel zerdrücken und mit dem Eierlikör, dem Zucker und der Zitronenschale verrühren.
2. Die Mischung mit der Milch verquirlen und den Drink in zwei Gläser füllen.
(auf dem Foto: links)

Kefirdrink Johanna

Für 2 Portionen
ca. 140 kcal pro Glas

- *150 g rote Johannisbeeren*
- *1 gehäufter EL Zucker*
- *2 cl Weinbrand*
- *250 g Kefir 1,5 % Fett*

1. Die Johannisbeeren waschen, von den Rispen streifen und mit dem Zukker und dem Weinbrand im Mixer pürieren.
2. Auf kleinster Stufe den Kefir dazugießen und alles gründlich durchmixen.
3. Den Drink in zwei Gläser füllen.
(auf dem Foto: Mitte)

Bayernhimmel

Für 2 Portionen
ca. 250 kcal pro Glas

- *Saft von 1 Limette*
- *4 cl Curaçao blue*
- *300 g Sauermilch 1,5 % Fett*
- *1 gehäufter EL Zucker*
- *4 Kugeln Vanilleeis*

1. Limettensaft und Curaçao unter die Sauermilch rühren, den Zucker dazugeben und alles verquirlen.
2. In zwei große Gläser jeweils zwei Kugeln Eis geben, den Drink darübergießen und mit Strohhalmen servieren.
(auf dem Foto: rechts)

Rezeptverzeichnis

Abkürzungen:

EL	=	Eßlöffel
TL	=	Teelöffel
g	=	Gramm
l	=	Liter
cl	=	Zentiliter (1 cl = 10 ml)
ml	=	Milliliter
Msp.	=	Messerspitze
Fett i. Tr.	=	Fett in der Trockenmasse

Kalorienangaben:
Alle Kalorienangaben in diesem Buch beziehen sich jeweils auf ein Glas.

Auf Angaben zur **Zubereitungszeit** wurde verzichtet, da die Milchmixgetränke in maximal 15 Minuten fertig sind.

„FALKEN Feinschmecker" ist eine exquisite Kochbuchreihe, deren Bände immer einem besonderen Thema gewidmet sind. So kommt jeder Genießer auf seine Kosten. Fragen Sie Ihren Buchhändler.

CIP-Titelaufnahme der Deutschen Bibliothek

Carlsson, Sonja:
Mixen mit Milch : köstlich, cremig, sahnig, frisch / Sonja Carlsson. – Niedernhausen/Ts. : FALKEN, 1991
(FALKEN Feinschmecker)
ISBN 3-8068-1151-2

ISBN 3 8068 1151 2

Titelbild: TLC-Foto-Studio GmbH, Velen-Ramsdorf
Fotos: S. 2/3, 4/5 und 7: Reinhard Tierfoto, Heiligkreuzsteinach-Eiterbach; S. 6: Thomas Mikhail, Wiesbaden; S. 5 unten, 33 unten und 49 unten: TLC-Foto-Studio GmbH, Velen-Ramsdorf; alle übrigen Fotos: Studio Margit Schwarz, Frankfurt
Gesamtkonzeption: Falken-Verlag GmbH, D-6272 Niedernhausen/Ts.

817 2635 4453 6271